# LA SOCIÉTÉ

## DE

# PATRONAGE

## DES PRISONNIERS LIBÉRÉS

## A LAON

**PARIS**

**LIBRAIRIE GUILLAUMIN** ET C<sup>ie</sup>

Éditeur du *Journal des Économistes*, de la *Collection des principaux Économistes*,
du *Dictionnaire de l'Économie politique*
du *Dictionnaire du Commerce et de la Navigation*, etc.
RUE RICHELIEU, 14

1884.

LA

# SOCIÉTÉ DE PATRONAGE

DES PRISONNIERS LIBÉRÉS

A LAON

LAON. — IMPRIMERIE A. CORTILLIOT

# LA SOCIÉTÉ

## DE

# PATRONAGE

## DES PRISONNIERS LIBÉRÉS

# A LAON

PARIS

**LIBRAIRIE GUILLAUMIN** ET C<sup>ie</sup>

Éditeur du *Journal des Économistes*, de la *Collection des principaux Économistes,*
du *Dictionnaire de l'Économie politique*
du *Dictionnaire du Commerce et de la Navigation*, etc.

RUE RICHELIEU, 14

1884.

# SOCIÉTÉ DE PATRONAGE

## DES PRISONNIERS LIBÉRÉS

### A LAON

Parmi les œuvres charitables qui trouvent dans la ville de Laon un concours si dévoué, il en est une peu connue encore à cause de sa fondation récente, mais qui, par son utilité incontestable et les services qu'elle a déjà rendus dans sa si courte existence, a mérité droit de cité.

La Société pour le patronage des détenus organisée sur le plan de celle que M. de Lamarque, dont le nom restera lié à cette œuvre, a établie à Paris en 1871, fondée en 1880 est dans sa cinquième année d'exercice. Elle a trouvé, dès le début, dans les diverses administrations, un concours précieux, mais qui ne saurait suppléer à celui que la charité privée instruite de son but et excitée en sa faveur pourrait lui offrir. Cette œuvre, en effet, s'est heurtée à des préjugés qu'il importe de détruire, elle touche à des sujets peu familiers, pour ne pas dire étrangers, à ceux dont l'appui pourrait lui être le plus utile, enfin elle s'occupe d'une classe d'individus qui n'excite, au premier abord, que la répulsion des honnêtes gens dont la sympathie active doit être pourtant la première et indispensable condition de son succès. Toutes ces raisons ont décidé le bureau de la Société de Laon à charger son secrétaire d'exposer très-succintement par des chiffres et par des faits le but de l'œuvre, les causes qui l'ont fait naître, les moyens dont elle dispose, sa raison d'être en un mot. Quelque peu initié que l'on soit aux questions judiciaires, on sait, ne fut-ce que par les comptes rendus des journaux, quelle situation inquiétante le chiffre croissant des récidives crée depuis quelque temps à notre pays. Nulle alarme ne fut plus justifiée. C'est qu'en effet il y a entre le condamné ordinaire et le récidiviste, entre le criminel ou le malfaiteur d'accident et le criminel ou le malfaiteur d'habitude, toute la distance, et elle est grande, qui sépare la faute isolée du vice enraciné.

Nous empruntons au dernier rapport adressé à M. le Président de la République par M. le Garde des Sceaux sur l'administration de la justice criminelle pendant l'année 1882 (1) les constatations suivantes :

« La récidive continue sa marche envahissante. » Que le nombre des accusés et des prévenus » s'élève ou s'abaisse, on voit toujours monter

(1) *Journal officiel*, n° du 13 mars 1884, p. 1378.

» la proportion de ceux qui reparaissent devant la
» justice après avoir été déjà frappés par elle ; de
» 47 p. 100 pour les accusés, il y a dix ans, elle
» arrive aujourd'hui à 52 p. 100 ; pour les prévenus,
» l'aggravation est encore plus sensible : de 36 à
» 44 p. 100. Comme il s'agit ici de la récidive
» générale, c'est-à-dire de la rechute, on pourrait
» supposer que l'augmentation ne se réfère qu'aux
» récidivistes libérés de courtes peines d'emprison-
» nement ou condamnés précédemment à une
» simple amende ; mais l'examen des comptes de
» la justice criminelle établit péremptoirement qu'il
» n'en est pas ainsi. En 1872, les cours d'assises
» et les tribunaux correctionnels avaient condamné
» 12,953 accusés ou prévenus libérés des travaux
» forcés, de la réclusion ou de l'emprisonnement de
» plus d'un an ; en 1877, ce chiffre a été de 15,910,
» et il est, en 1882, de 18,012 ; l'accroissement
» du nombre des malfaiteurs en état de récidive
» légale est donc, en dix années, de 39 p. 100,
» près des deux cinquièmes. »

Quand les chiffres parlent aussi haut, tout
commentaire est superflu. Il est donc évident que
tout effort réussissant à enrayer les progrès de la
récidive serait une réelle victoire au profit du bien.
On conçoit, qu'en 1871, lorsque la France se
retrouva en face d'elle-même, quelques hommes,
profondément émus du péril intérieur qu'ils voyaient
poindre pour elle, aient pensé qu'il convenait de

faire appel à tout ce qui pouvait être un appui ou un frein. L'idée de patronage n'était pas nouvelle, la pratique non plus. L'un et l'autre remontaient au jour où, pour la première fois, une âme dévouée avait franchi le seuil d'une prison pour solliciter le repentir d'un coupable et relever le courage d'un condamné. Quant aux obstacles qu'ils rencontraient, ils étaient de plus d'un genre ; d'abord les causes mêmes qui avaient amené le péril à de telles proportions soit qu'elles se rattachent aux questions générales de morale et d'ordre public ou au système pénitentiaire. Les unes sortent du cadre qui nous est tracé, les autres qui tiennent au patronage par un lien dont l'évidence n'échappera à personne sont l'influence pernicieuse de la prison commune et l'oisiveté, suite des difficultés qu'offre l'organisation du travail dans les prisons. On a nommé la prison : l'école du crime, le mot est dur. Malheureusement chacun de nous peut citer des faits à l'appui. Châtiment nécessaire, il n'est pas généralement moralisateur. L'individu qui l'a subi est donc plus que les autres enclin à s'y exposer de nouveau, ses penchants vicieux s'étant développés sous l'influence des mauvais conseils et du mauvais exemple et le sentiment de la honte étant chez lui déjà fort émoussé. En outre, le plus grand nombre des récidivistes n'appartient pas à la classe des grands criminels, mais à celle des vagabonds, des mendiants et des petits voleurs. Poussés au mal par l'horreur du travail, ils s'arrangent fort bien d'un séjour qui leur donne le vivre et le couvert sans exiger d'eux le moindre effort. La prison est pour eux plus clémente que la vie libre avec le souci du pain de chaque jour. Beaucoup n'en sortent qu'avec l'espoir d'y rentrer au plus vite. En serait-il de même si le travail était obligatoire et sérieusement pratiqué ? C'est une chose d'expérience que c'est par le travail seul que l'homme tombé se relève. Lui seul donne au châtiment le caractère plus moral de l'expiation qui répare et qui améliore. Aussi le premier soin des Sociétés de patronage a-t-il été d'obtenir non seulement le travail manuel réglé, mais le travail intellectuel. Les détenus trouvent dans l'école de la prison une distraction et un préservatif, comme dans l'atelier une occupation saine et la possibilité d'amasser pour le jour de la libération un petit pécule qui écartera les premières tentations de la misère et de la faim,. les premières tentations, avons-nous dit, mais non pas les seules. En effet, c'est à la sortie de la prison, et quand la société a en quelque sorte donné quittance à son débiteur, que la charité trouvera dans le préjugé public le plus d'entraves à l'entreprise qui a tenté son dévouement. Quelles formes la prévention ne revêt-elle pas tour-à-tour pour conserver la liberté d'une commode indifférence ? C'est l'équité : est-il bien juste d'accorder à celui qui a failli un secours, une protection qui font trop souvent défaut à l'innocent. Ensuite la prudence : qui voudra recevoir sous son toit, parmi ses enfants, ses serviteurs ou ses ouvriers un homme sorti de la prison centrale ou des pénitenciers, un voleur, un débauché ? Et il est certain que jamais plus qu'ici les prétextes n'ont ressemblé à de bonnes raisons ! Il n'est cependant pas, heureusement, impossible d'y répondre. Il ne s'agit pas de préférer le coupable à l'honnête homme, mais, en secourant le second, renonce-t-on au droit de tendre au premier une main sans laquelle il retombera plus bas. En admettant même qu'une seule faute l'eût à tout jamais rendu indigne de la pitié des membres de la société, impeccable sans doute, qui l'entoure, est-il bien sûr que ce sentiment soit le seul qui puisse attirer sur lui les sollicitudes d'un philanthrope ? N'est-ce pas l'intérêt bien entendu de la société d'éviter une seconde faute que le coupable expiera sans doute, mais dont elle aura d'abord souffert ? Enfin n'oublions pas que la pratique Angleterre, portant l'économie jusque dans les choses qui semblent du ressort exclusif de la charité, est arrivée à cette conclusion qu'un condamné patronné et préservé par ce moyen de la récidive ne coûtant par an que 18 sh. (21.60), tandis que le même individu abandonné à ses mauvais instincts, retourné à ses anciens errements et replacé sous les verrous, entraînerait une dépense annuelle de 553 fr. 60, le patronage était une spéculation aussi avantageuse qu'elle était morale (1).

Il est bien évident qu'il y a un choix à faire et quant au protégé qu'on accueille et quant à l'emploi qu'on lui donnera, comme aussi au degré de confiance qu'on lui accordera au début. Mais de ce qu'il y a là des précautions à prendre, une mesure à garder, faut-il conclure à un refus de concours systématique ? Il n'est point un acte de dévouement qui ne coûte et n'expose celui qui s'y livre à des difficultés d'une nature quelconque. Si l'on ne veut pas soutenir, *patronner* en un mot, les libérés, il faudra subir le récidiviste, l'alternative est certaine. Nous espérons qu'elle sera persuasive.

Enfin on se heurte dans beaucoup d'esprits à la conviction très sincère, très fausse au double point de vue de la physiologie et de l'expérience, mais très enracinée et pratiquement déplorable, de l'inutilité de tout effort ayant pour but l'amélioration du condamné. Heureusement l'homme au moral comme au physique est souvent guérissable. Des exemples, point aussi nombreux qu'il le faudrait, mais certains, le prouvent chaque jour. L'enjeu

(1) Fifteenth report of the Metropolitan discharged prisoners' relief Committee, from january 1st to décember 31st 1878. (London) p. 14 et 15. M. Lefebvre a également reproduit cette citation dans sa savante étude du patronage dans la société contemporaine sous ce titre : *Le prisonnier libéré* publié dans le « Correspondant » juin 1880, p. 1059.

d'ailleurs vaut bien la partie ; mieux vaut fonder des écoles de détenus, des sociétés de patronage et des asiles de libérés que des prisons nouvelles et de transformer successivement toutes nos colonies en bagnes insuffisants. Nous avons pour nous l'expérience du passé et celle des autres nations, l'exemple aussi d'admirables dévouements qui se dépensent journellement pour cette cause sur tous les points du sol français, la patrie par excellence de la charité.

I

Si le nom est moderne, la pratique du patronage ne l'est pas. Des 1272, un bourgeois de Marseille, du nom de Bertrand, créait, dans un but de réhabilitation, l'ordre de la pénitence de la Madeleine qui s'étendit en France et en Allemagne. Cette même idée fut reprise, en 1497, par Jean Simon, évêque de Paris (1). Deux siècles plus tard, elle trouva un adepte fervent dans le Pape Clément XI qui faisait inscrire en 1703 sur la porte de la prison de Saint-Michel à Rome : *parum est coerçere improbos pœnâ, nisi probos efficias disciplinâ* (2).

(1) Migne, dict<sup>re</sup> des ordres religieux, T. II. col. 801 et suiv. (Paris, 1847).

(2). Mot rapporté par M. l'avocat général Petiton dans le remarquable discours qu'il prononça à l'audience de rentrée de la Cour de Cassation du 3 novembre 1880 sur la récidive criminelle.

Mais on comprend que, dans un travail succinct
nous ne nous étendions guères que sur ce qui s'est
fait en France.

Lorsqu'en 1619 saint Vincent de Paul fut nommé
aumônier général des galères à la sollicitation de
M. de Gondi, la situation des forçats était affreuse,
leur abandon complet au physique et au moral.
Non content de leur donner toutes les consolations
et les secours qui étaient en son pouvoir, il
rechercha, dès lors, avec ardeur les moyens d'établir
pour leur soulagement quelque chose de plus
durable que la sympathie isolée d'un homme de
bien. Il loua d'abord, dans le voisinage de Saint-
Roch, une maison où il obtint la permission de
faire conduire sous bonne garde les malheureux qui
attendaient l'heure, souvent retardée, de leur départ
pour Marseille, au fond de prisons dont rien ne
saurait nous faire concevoir aujourd'hui l'insalubrité
(1). Puis, à l'aide de quelques legs, avec le
concours du roi et l'autorisation des échevins, il
donna à ce premier hôpital des galériens une forme
définitive et le transféra, en 1632, dans une tour près

(1) Abelly, vie de saint Vincent de Paul (Paris, Dumoulin
1881) T. I. p. 74.

Feillet, la misère au temps de la Fronde et saint Vincent
de Paul p. 218 (Paris, 1862.)

M. Chantelauze, saint Vincent de Paul et les Gondi.
*Correspondant,* n° du 10 novembre 1881 p. 496.

de la porte Saint-Bernard (1). La générosité de toutes
les classes de la société pourvoyait aux besoins de
ces prisonniers. Les dames de la Charité de Saint-
Nicolas du Chardonnet les visitaient et leur faisaient
une part dans leurs aumônes. Le jeune roi Louis
XIV accepta le titre de fondateur d'un hôpital créé à
Marseille à l'instar de celui de Paris pour les forçats
et lui assigna douze mille livres de rente annuelle
sur les gabelles de Provence (2). Pendant que
saint Vincent éveillait ainsi les sollicitudes des gens
du monde en faveur des criminels, dans sa propre
maison à Saint-Lazare, il prêchait d'exemple. Non
seulement il faisait à ses disciples un devoir précis
de la visite des prisonniers, mais il ouvrait la porte
d'une retraite qui ne semblait devoir être qu'une
maison de prière aux jeunes gens réputés incorrigibles que leurs familles, après avoir épuisé tous les
remèdes, lui confiaient pour les ramener au bien (3).
Ennemi acharné de la mendicité, du vagabondage
et de l'oisiveté qui mènent au vice, cet infatigable
apôtre de la charité intelligente prescrivit, dans
les confréries de charité qu'il établit à Paris, à
Mâcon et ailleurs, les mesures les plus sages et les
plus expresses contre ces désordres (4). Une grande
dame de la maison de Gondi, la marquise de

(1 et 2.) Abelly, loco cit. T. I. p. 168 à 171.
(3) Ibid. T. I. p. 679.
(4) Ibid. T. I. p. 79 et 80.

Maignelay, une autre, madame de Miramion, se
vouèrent également à ces œuvres de réhabilitation
(1). Les Madelonnettes de Naples et de Paris, la
maison de Sainte-Madeleine de Nancy (2) fondées
au XVII<sup>e</sup> siècle eurent le même objet.

A cette dernière époque encore, on voit le
président de Lamoignon fidèle aux traditions
charitables de sa famille, établir, avec l'autorité qui
s'attachait à son noble caractère, la société de
l'Assistance dont l'objet était de porter des
consolations et des secours au prisonniers. Elle
étendait aussi sa sollicitude aux libérés. Supprimée
par la Révolution, rétablie sous l'Empire en 1809,
elle prospéra sous la Restauration. Elle accordait,
dans cette période de son existence, aux condamnés
dignes d'intérêt un secours au moment de leur
libération. Malgré son utilité incontestable, son
action se restreignit au lieu de s'étendre, et se
borna même pendant longtemps à la libération des
prisonniers pour dettes. Elle subsiste encore
aujourd'hui sous le nom de Société charitable pour
le soulagement des prisonniers et de leurs familles.
Plus anciennement, des confréries, des associations

(1) C<sup>te</sup> de Bonneau, vie de mad<sup>e</sup> de Miramion p. 169, 181,
240 et 318. (Paris, Didier, 1882.)

M. Chantelauze, loco cit. *Correspondant*, n° du 25 novembre 1881, p. 676.

(2) Migne, loco cit. II. col. 1138 et suiv.

religieuses s'étaient formées, avec ce même but, dans quelques provinces, à Toulouse, à Aix, à Toulon, et faisaient de la visite des prisons un de leurs statuts. L'une des plus connues, la confrérie de la Miséricorde de St-Sernin de Toulouse remonte à l'année 1570. Elle fut fondée par le cardinal d'Armagnac et compta, parmi ses premiers membres, des conseillers au Parlement, des chanoines et des magistrats municipaux de la ville. Elle cessa également de fonctionner pendant la période révolutionnaire et fut rétablie en 1807.

La confrérie des drapiers de Paris donnait de la viande et du pain aux prisonniers du Châtelet le le jour de sa fête. Une autre — les orfèvres — donnait à dîner aux mêmes prisonniers le jour de Pâques.

Au XVᵉ siècle, le prévot de Paris ou son lieutenant visitait les prisons le lundi (1). Les premiers Présidents se rendaient au Châtelet la veille des bonnes fêtes et dans d'autres occasions. Ainsi que le font de nos jours les membres des commissions de surveillance, les substituts du Procureur général y allaient, chaque semaine, surveiller la nourriture, s'enquérir des malades, recevoir les plaintes des prisonniers hors de la présence des geôliers. (2).

(1) Recueil des lois par Fontanon, de la justice, liv. 2, titre 4.

(2) M. Desmazes, *le Châtelet*, p. 336 et 337. (Paris, Didier, 1863.

Sous Louis XIV, ces visites étaient en usage, comme l'attestent ces vers de Molière :

Si l'on vient pour me voir, je vais, aux prisonniers,
Des aumônes que j'ai partager les deniers. (1)

Pour la ville de Laon en particulier, le règlement des prisons de 1633, celui des *aumônes et pain* des prisonniers de Laon exécutoire avant les arrêts de 1697 et 1717 et l'ordonnance de 1670, et pratiqué même après leur promulgation, contiennent des dispositions intéressantes. On y voit que non seulement les magistrats visitaient les prisonniers et recevaient leurs réclamations, mais que « les » prisons étaient ouvertes aux gens de bien et à » leurs aumônes consistant en pain, viande, bois » et argent. La distribution en était faite entre » tous les prisonniers pauvres. Des personnes se » chargeaient d'aller quêter en ville pour les » prisonniers. Cette coutume existait encore il y a » quelques années : une femme, munie d'une sébile » fermée, faisait le tour de la ville une fois par » mois, et les dons qu'elle recevait dans beaucoup » de maisons formaient une masse sur laquelle on » donnait aux prisonniers, à leur sortie, des » chaussures, des habits ou la somme nécessaire » pour regagner leur domicile. » Des quêtes étaient

(1) *Tartufe*, Acte III, Scène II. Vers 3 et 4.

aussi faites dans toutes les paroisses les dimanches et les *bonnes* fêtes en faveur des prisonniers (1).

« Anciennement, les quêteurs distribuaient eux-
» mêmes l'argent aux prisonniers. Ce mode de
» partage occasionna des abus et le réglement de
» 1633 prescrivit que la distribution serait faite par
» le geôlier. Mais, de 1710 à 1715, le geôlier ayant
» retenu plus des deux tiers des aliments des
» prisonniers, auxquels il ne remettait jamais un
» sol, on dut sévir et modifier l'ordre des choses.
» A qui s'adressa-t-on pour que la mission fût
» remplie sûrement et dignement ? Aux demoiselles
» *qui avaient la charité d'assister les prisonniers.*
» L'une d'elles fut chargée, à partir du 1er août
» 1715, d'employer l'argent à leur nourriture, *sans*

(1) Réglement des prisons de Laon (1633-1640.) :

§ 1. Avons requis et requérons ledit procureur du roi ordonné et ordonnons que lesdits prisonniers seront questés en toutes les paroisses de la ville aux jours accoutumés, de dimanches et bonnes fêtes, par personnes fidèles et réceantes que les curés des paroisses nommeront.

§ 2. Que lesdites presonnes ne pourront faire la quête qu'avec la boîte des prisonniers qui leur sera baillée et rapporteront deux jours après la dite quête et lesdites boîtes ès-mains de celui qui sera commis pour faire la récepte des deniers qui seront aumônés et qui leur sera déclaré par notre greffier en leur baillant lesdites boites. — M. Combier, étude sur le bailliage du Vermandois, p. 276. (Laon, 1874) — du même auteur, les réglements de police de la ville de Laon, p. 24, 25, 143 et suiv. (Amiens, 1879.)

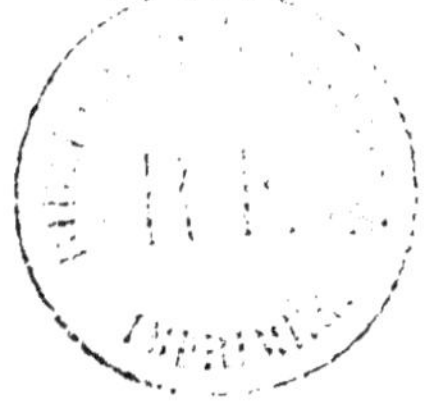

2

» *rendre aucun compte*. Le nom est venu jusqu'à
» nous de l'une de ces femmes obscures, véritable
» providence des détenus qu'elles consolaient et
» des magistrats qu'elles secondaient. Il n'a été
» écrit ni sur le marbre, ni sur l'airain, mais dans
» une simple sentence ; elle s'appelait *Elisabeth*
» *Dagneau*. Un détenu étant tombé malade, le juge
» ordonna que, tant que durerait cette maladie,
» l'argent serait employé par cette demoiselle dont
» elle ne serait tenue de rendre compte, attendu la
» connaissance parfaite que l'on avait de son
» affection et de sa charité pour les pauvres
» prisonniers » (1).

On nous pardonnera ces extraits qui retracent exactement les mœurs d'une époque déjà éloignée de nous et nous font voir les prisons d'alors sous un jour un peu moins sinistre. Ces secours, ces consolations donnés aux individus incarcérés ne figurent ici qu'à titre d'exemples. On trouverait, sans doute, des traits semblables, de plus saisissants peut-être, dans les archives de bien des villes (2).

(1) M. Combier, *loco cit.* p. 277.
(2) « Dans certaines villes, dans un grand nombre, les
» dames pieuses formaient entre elles une espèce de société
» appelée des Dames de la Miséricorde. Ces sociétés ont
» existé et je les ai vues à l'époque de la révolution. » Monteil, histoire des Français des divers états, notes sur le chapitre XXI (Paris, 1853) T. IV. p. 22 des notes. — Code de la police, (Paris, Prault, 1757) lit. 12, des Secours de charité.

Est-il besoin de faire remarquer que cette sollicitude pour les prisonniers était alors infiniment trop circonscrite pour répondre aux besoins. Des âmes généreuses, comme il y en a eu dans tous les temps, avaient senti qu'il y avait là quelque chose à tenter, mais les plus nobles pensées ne font que lentement leur chemin et ce mouvement humanitaire ne devait se généraliser que dans notre siècle.

## II

Encore quelques années et une transformation se produit dans la situation générale des prisons. Les personnes charitables n'ont plus à nourrir les détenus, l'Etat y subvient à lui seul. Les cachots n'ont plus cet aspect triste et sordide qui excitait la pitié. L'humanité a recouvré tous ses droits. Mais, si l'état matériel laisse déjà peu à désirer, est-il apporté plus de soin à l'amélioration morale des condamnés ? Que fit-on, sous ce rapport, dans les premières années de ce siècle et quelle tâche nos devanciers nous ont-ils laissée ? C'est cette double situation que nous allons examiner rapidement.

L'ordonnance du 9 avril 1819 fut un premier pas dans la voie philanthropique du patronage. En nommant des commissions de surveillance dans les prisons, elle comprit dans leur mission « la réforme morale des détenus ». C'était là une recommandation bien vague, plutôt un désir exprimé qu'une véritable prescription. Les commissions s'organisèrent et se réunirent sans que l'institution portât les fruits qu'on était en droit d'en attendre.

La Société générale des prisons, fondée à la même époque sous la protection de Louis XVIII et qui compta parmi ses membres les hommes les plus éminents de la Restauration, eut peu d'effets pratiques, mais elle attira l'attention publique sur cette question et en fit l'objet d'un concours à la suite duquel elle couronna l'ouvrage de M. Danjou, avocat. Elle devint ainsi le point de départ d'une foule d'œuvres ; car, pendant que ce mouvement humanitaire échouait pour des causes diverses dans les régions gouvernementales, des efforts isolés fondaient et soutenaient, de toutes parts, des œuvres de réhabilitation et de moralisation des détenus. La première en date, établie dès l'année 1833, la Société de patronage des jeunes détenus du département de la Seine, créée comme on le rappelait récemment au Sénat par MM. Béranger et Charles Lucas, obtint rapidement les résultats les plus avantageux. Dans les trente premières années de sa fondation, le chiffre des récidives, qui était originairement de plus de 50 o/° s'abaissa progressivement à 4 o/°. Une œuvre similaire fut instituée par madame de Lamartine pour les jeunes filles libérées abandonnées ; l'œuvre des dames protestantes de Saint-Lazare en 1839, l'œuvre des dames des prisons annexe de l'ouvroir de la Miséricorde, l'œuvre du bon Pasteur, le refuge de Sainte-Anne, l'œuvre du refuge des diaconesses s'établirent ensuite pour le seul département de la Seine (1). La province apporta son contingent de dévouement et de charité pratique. L'asile de Saint-Léonard, près Couzon (Rhône), reçoit, depuis de longues années, des condamnés libérés qui en sortent, la plupart du temps, ramenés au bien et pourvus d'un métier capable d'assurer leur existence (2). Une société s'est formée à Dijon principalement pour venir en aide aux jeunes libérés de la colonie de Citeaux. Cet établissement, reconnu d'utilité publique, a déjà servi de modèle à plusieurs autres, notamment à l'asile ouvert à Lavaur par M. le président Chauffard (3).

La solitude de Nazareth, fondée il y a une trentaine d'années, fut le premier refuge exclusivement destiné aux femmes libérées (4). Enfin l'année 1839 vit une création capitale. Un homme, dont le nom restera synonyme de dévouement, M. Demetz, conseiller à la Cour de Paris, descendit de son siège pour se consacrer exclusivement à l'œuvre des jeunes détenus. Qui a pu arrêter un instant

(1) Bul. de la société générale des prisons du 25 août 1877, p. 67, recueil mensuel publié par la librairie Chaix à Paris.
(2) Bul. de la société générale des prisons, loco cit.
(3)      id.            id. p. 72.
(4)      id.          . id. p. 66.

sa pensée sur le sujet qui nous occupe sans que le nom de Mettray soit venu se placer sur ses lèvres, comme il vient de lui-même sous notre plume. Etablissement unique, fruit d'une longue expérience fortifiée par des études comparatives patiemment poursuivies aux États-Unis, en Angleterre et ailleurs, Mettray fut bientôt et est encore un modèle qui n'a pas été surpassé, une sorte de prototype qui a réuni tous les suffrages. Chose merveilleuse ! ce système d'éducation et d'amendement, qui s'adresse exclusivement à l'enfance prématurément dégradée, s'appuie sur le sentiment qui semblerait devoir lui être le plus étranger, l'honneur, et les résultats sont là pour justifier cette admirable hardiesse. Dans les dernières années, des asiles se sont ouverts à Vannes, à Rennes, à Bordeaux, à Alençon, et, près de Paris, à Vaugirard. Une colonie de jeunes filles libérées a été fondée à Beaumenil (Bouches du Rhône). D'autres associations encore, l'énumération en serait trop longue, se consacrèrent aux libérés des deux sexes.

Les protestants fondèrent pour leurs coreligionnaires des sociétés et des établissements de patronage à Montpellier, à Sainte-Foy, à Paris en 1869 par les soins de M. le pasteur Robin. Telle était la situation, lorsqu'en 1871 M. de Lamarque résolut de faire appel à tous les dévouements pour former une vaste association capable de vaincre les difficultés qui avaient empéché jusqu'alors les œuvres de patronage de répondre aux besoins croissants de la société (1). L'année suivante, une loi (25 mars 1872) créa une commission pénitentiaire qui conclut à l'organisation du patronage des libérés. Puis, la Société générale de patronage des détenus libérés fondée par M. de Lamarque fut reconnue d'utilité publique le 4 novembre 1875. Elle a obtenu l'adhésion et le concours financier de la plupart des conseils généraux, et, sous son influence, les commissions de surveillance d'un grand nombre de prisons se sont constituées en sociétés de patronage. A Nancy et à Versailles, des sociétés départementales se sont organisées. Actuellement, il y a en France une cinquantaine de sociétés de patronage (2).

(1) M. de Lamarque a exposé ses vues humanitaires et sociales dans une série d'intéressantes et pratiques brochures :

Le patronage des libérés dans les départements, Paris, Berger Levrault, 1875.

La société moderne et les repris de justice, Paris, Dentu, 1875.

Les libérés devant la charité chrétienne, Paris, Dentu, 1876.

Le patronage des libérés jugé par les Anglais, Paris, Dentu, 1876.

(2) Discours de M. Herbette, directeur de l'administration pénitentiaire, commissaire du gouvernement au Sénat, 1re délibération du projet de loi sur les moyens préventifs de combattre la récidive, 21 mars 1884, *Journal officiel* du 22, page 758.

Ce serait une erreur de croire que l'Administration soit restée indifférente au milieu de ce mouvement humanitaire. Nous voyons, au contraire, se continuer, sous les diverses constitutions politiques, sa sollicitude pour la rénovation des condamnés. Elle s'affirme par un petit nombre d'actes sans doute, mais la tendance est toujours nettement accusée.

Sous le règne de Louis-Philippe, des pairs et des députés s'émurent de la regrettable lacune qu'offrait, à cet égard, notre régime pénitentiaire et portèrent à la tribune d'énergiques réclamations. Le ministre de l'intérieur, le C^te Duchâtel, résolut alors de donner à ces plaintes une satisfaction sérieuse. Dans sa circulaire du 28 mai 1842, il mit en relief la nécessité du patronage des condamnés « cause » incessante de trouble et de danger pour l'ordre » public » et s'efforca d'y intéresser la charité privée. Mais, il ne s'agissait encore là que de principes généraux et non d'une application pratique et immédiate. Le ministre soumettait à l'étude des conseils généraux un certain nombre de questions sur lesquelles il n'avait pas encore d'opinion faite, sorte d'enquête destinée à éclairer le Gouvernement. La majeure partie des assemblées départementales se fit l'écho du préjugé funeste qui repousse impitoyablement l'homme qui a failli. Un projet de loi fut néanmoins présenté, en 1847, à la Chambre des pairs, mais les événements politiques ne perm'rent pas de le discuter. La loi du 3 juillet 1852 qui traça les règles de la réhabilitation vint encore faire implicitement ressortir la nécessité du patronage, dont elle devait être la sanction et le couronnement. En 1870, un décret nomma une commission supérieure pour l'étude de toutes les questions relatives au patronage des libérés. Ces études furent arrêtées par la guerre et tous les changements politiques qui se produisirent alors. Depuis, en 1872, une enquête parlementaire dans laquelle il fut fait appel aux connaissances pratiques des magistrats et des criminalistes de France et de l'Etranger a suscité des rapports très-remarquables sur le régime pénitentiaire (1). En outre, de fréquentes circulaires du ministère de l'Intérieur ont appelé sur l'œuvre toute la sollicitude des autorités départementales. Nous citerons notamment celles des 15 octobre 1875, 1er juin 1876 et 10 juin 1877. La première en date fait ressortir la nécessité du patronage résultant de l'application du régime cellulaire dont il doit être le corollaire. La circulaire du 10 juin 1877, rappelant les précédentes, provoque de nouveaux efforts des commissions de surveillance, contient des instructions pour la répartition du crédit voté par le Sénat et la Chambre des députés et prescrit une enquête sur les institutions

---

(1) Ces documents ont été publiés par le Gouvernement. (Paris, imp<sup>rie</sup> Nationale 1873, 1874, 1875.)

de patronage. Cette circulaire proclame l'importance des résultats déjà obtenus.

Il y a toutefois une distinction à établir d'après l'âge des libérés. Le patronage des jeunes détenus a, de tout temps et en tout pays, réussi bien mieux que celui des adultes. La raison en est facile à saisir. Plus accessibles à cause de leur jeunesse aux salutaires influences, ils sont également plus malléables et n'ont point, en outre, à lutter contre des vices rendus invétérés par une longue habitude. Leur faute est souvent celle de leur famille, du milieu où ils ont vécu, de l'éducation mauvaise qu'ils ont reçue ou même du défaut absolu d'éducation. C'est la constatation de ce fait qui a, dans quelques nations notamment en Prusse, amené la concentration de presque tous les efforts sur cette seule catégorie de condamnés. Les ouvriers se sont portés là où la moisson était plus facile et plus rénumératrice.

Pour cette classe de détenus, d'ailleurs, l'une des grandes difficultés du patronage, le placement à la sortie de prison, se trouve résolue tout naturellement par l'obligation du service militaire. C'est ce qu'a compris et pratique journellement la Société formée à Paris dans le but d'encourager les engagements volontaires des jeunes gens élevés dans les maisons d'éducation correctionnelles publiques ou privées qui, ayant atteint l'âge de 18 ans, se sont montrés dignes d'aide et de protection par leur bonne conduite, leur assiduité au travail et leurs progrès à l'école. L'action protectrice de la Société à l'égard de ces jeunes gens doit s'exercer pendant la durée de leur séjour au régiment et les accompagner également au moment de leur rentrée dans la vie civile. (Art. 1er des statuts de la société.) Les jeunes libérés peuvent à l'âge de 18 ans accomplis contracter un engagement militaire. (Loi du 27 juillet 1872.) Mais c'est là une faculté et non une obligation. Aussi, dans bien des cas, est-il préférable, pour les mineurs envoyés dans les maisons de correction, qu'ils soient tenus, par mesure judiciaire, d'y rester jusqu'au moment où ils seront de plein droit incorporés dans l'armée.

Ainsi la charité, ingénieuse dans ses applications, a partout, sous des formes différentes, poursuivi le même but. Les récentes délibérations du congrès pénitentiaire international de Stockolm ont ajouté une nouvelle force à ces institutions éminemment philanthropiques et le congrès spécial pour le patronage des libérés, tenu au palais du Trocadéro le 12 septembre 1878, a été comme une consécration éclatante de l'œuvre par les représentants de toutes les nations civilisées.

## III

Il n'entre pas dans notre pensée de donner, dans cette courte notice, la nomenclature de toutes les œuvres se rattachant plus ou moins directement au patronage et dont nous avons cité quelques unes à titre d'exemples (1). Nous constaterons seulement l'existence d'un mouvement général et bienfaisant dans cette voie. On comprendra aisément que l'organisation des diverses sociétés, identique quant au but, diffère quant aux moyens.

Ainsi à Paris et dans certains grands centres, il est possible et nous dirons même nécessaire, de créer des asiles et des refuges, des ateliers spéciaux pour les libérés, même des agences de placement

(1) On en peut trouver la liste dans le bulletin de la société générale des prisons. — M Lecour, dans son manuel de l'Assistance à Paris, chap. XV (Paris, Asselin, 1876) a fourni également, à cet égard, des détails intéressants.

et de rapatriement, toutes institutions qui, dans les villes moins importantes, manqueraient à la fois de ressources et de sujets. On est trop porté aujourd'hui à ne s'éprendre que des idées générales et à ne pas chercher à faire autour de soi le bien immédiat et possible. Du reste, l'action du patronage doit être plus individuelle que collective. On n'attendra donc pas de nous, après la rapide esquisse du but de l'œuvre, de son passé, de son organisation chez les nations voisines, d'autres renseignements que des détails absolument locaux sur le patronage établi à la maison départementale de Laon.

Le patronage a deux phases bien distinctes : la période *préparatoire* qui commence, pour ainsi dire, le jour de la condamnation dans la prison même pendant la durée de la peine, et la période que nous appellerons *active* qui s'ouvre en même temps que la porte de la prison devant le délinquant rendu à la vie commune.

Pour la période *préparatoire*, les moyens d'action reconnus les plus efficaces par une expérience vraiment internationale sont :

*Le régime cellulaire,*

*Le travail intellectuel et manuel,*

*Les visites des prisons,*

*La paie proportionnée non à la qualité du travail, mais à la conduite,*

*La libération provisoire,*

*La création de maisons spéciales de travail professionnel et de colonies agricoles.*

*Le régime cellulaire* a été adopté par la loi du 5 juin 1875 qui a profondément modifié le régime des prisons départementales, mais des considérations budgétaires en ont restreint l'application à un très-petit nombre de prisons. Admis en principe, il est, en fait, inexécuté. Le nombre des individus condamnés à plus d'un an d'emprisonnement et sortis en 1880 des maisons cellulaires n'a pas dépassé 29 (1). Quant aux peines de courte durée, il n'y a en France, au dire du commissaire du Gouvernement lui-même, qu'une douzaine de prisons sur 382 où l'isolement des détenus soit réellement pratiqué (2).

*Le travail intellectuel* préconisé en Belgique, en Amérique et dans d'autres pays n'a guère trouvé chez nous d'opposants (3). Il n'en a pas été de

(1) Rapport de M. le Garde des Sceaux pour l'année 1882, loco cit.

(2) Discours au Sénat de M. Herbette, rapporté au *Journal officiel* du 22 mars, p. 757.

(3) « L'école fonctionne dans toutes les prisons de Belgique, » et même dans les plus petites. On m'a fait une objection à » ce sujet et on m'a demandé si l'enseignement primaire » pouvait avoir quelques résultats dans une petite prison dont la » population se renouvelle très souvent. Voici ma réponse : » lorsque l'école ne réussit pas, parce que les peines sont de » trop courte durée, le temps qui lui est consacré permet de

même du *travail manuel* non moins nécessaire, non moins moralisateur. Il en est qui, à la suite de certains philanthropes de 1848, ont voulu interdire le travail dans les prisons comme créant une concurrence redoutable aux ouvriers libres. Mais on a bientôt fait justice de cette objection aussi fausse dans sa base que périlleuse dans ses conséquences. Qui ne sent, en effet, la nécessité de rendre au travail l'homme que l'oubli de ce devoir a conduit à celui des autres. Plus malaisées à vaincre sont les difficultés pratiques; les métiers qui peuvent convenir à ce personnel flottant et malhabile sont peu nombreux et la qualité souvent médiocre du produit n'encourage guère la spéculation des entrepreneurs. Il y aurait ici à profiter de l'exemple de la Belgique dont le gouvernement emploie pour son propre compte et avec un double avantage les condamnés, en leur faisant confectionner les vêtements et chaussures de l'armée ou les objets nécessaires à l'entretien des détenus eux-mêmes(1).

» donner des conférences morales, dont le but est de faire » arriver jusqu'au détenu certaines vérités qu'il n'a jamais » peut-être entendues ailleurs. » Enquête parlementaire sur le régime des établissements pénitentiaires T. II, procés-verbaux de la commission p. 153, déposition de M. Stevens, inspecteur principal des prisons de Belgique. (Paris, imp^rie nat^le 1874.)

(1) Enquête parlementaire, loco cit. T. II, p. 155. — M. Bérenger, de la Répression pénale, T. I, p. 323 (Paris, Cosse, 1855).

En Angleterre aussi, c'est pour l'Etat et non pour le compte d'entrepreneurs que travaillent les condamnés. (Nous ne nous dissimulons pas les obstacles aussi délicats à indiquer que difficiles à renverser que l'adoption de cette mesure pourrait rencontrer chez nous. Mais il ne nous était pas possible d'en passer sous silence l'incontestable utilité.)

*Visites des prisons*. — La pratique Amérique en fait une des principales bases de son système pénitentiaire. Les membres de la Société de Philadelphie entre autres visitent périodiquement les maisons de répression. Les administrateurs des divers Etats de l'Union font entrer leur concours dévoué parmi les forces dont ils disposent pour assurer la sécurité des citoyens en restreignant le nombre des crimes (1).

*La paie proportionnelle* a été appliquée en Russie avec un succès qui vaut tous les raisonnements et suffit à les remplacer. Le comte Sollohub en a fait, à la prison de Moscou, une sorte d'axiôme particulièrement pratique. Quand le retour au bien a l'intérêt pour prédicateur, on peut concevoir des espérances où la vertu pour elle-même ne promettrait, hélas ! trop souvent, que des déceptions.

*La libération provisoire*, si étrangère à nos

---

(1) En Hollande, non seulement les Sociétés de patronage peuvent pénétrer dans les prisons, mais, tous les trois mois, les commissions administratives de ces prisons leur adressent la liste des détenus libérables dans le cours du trimestre suivant.

mœurs, si utilement employée par les Anglais, n'offrirait plus aucun des périls qui en rendent l'idée si peu populaire, si le principe des travaux publics imposés aux détenus, celui des colonies agricoles d'adultes et des dépôts de mendicité plus nombreux, venaient enfin à être sérieusement expérimentés. Quand un prisonnier, quittant la cellule pour une clôture moins sévère, aurait réappris l'usage de la liberté par un stage laborieux et sagement surveillé, son retour à la vie sociale ne présenterait plus les mêmes écueils pour lui-même, les mêmes dangers pour autrui. Ce serait la substitution au droit de grâce, forcément limité, tel qu'il est aujourd'hui pratiqué, d'une règle générale aux bienfaits de laquelle pourraient prétendre tous les condamnés. Ce sont ces principes qui, récemment exposés au Sénat par M. Bérenger avec toute l'autorité qui s'attache à son nom, ont été adoptés en deuxième lecture par la Chambre haute, dans sa séance du 1er avril 1884.

*Création de maisons spéciales de travail.* Nous croyons utile d'insister sur cette double et connexe question des travaux publics et des dépôts de mendicité. Les établissements de ce genre seraient, suivant nous, le plus efficace des remèdes pour la grande et la petite récidive.

Les grands récidivistes ont été presque toujours entraînés au crime par le désir de jouir sans se donner de peine. Le travail obligatoire est donc pour eux la plus équitable des expiations comme le frein le plus puissant.

Quant aux petits récidivistes, on peut les ranger tous en deux classes, ceux auxquels la vieillesse, l'infirmité et l'abandon n'ont laissé d'autres ressources que la mendicité, d'autres asiles que la voie publique, la prison ou l'hôpital, d'autre avenir que des condamnations dont la lassitude ou l'indulgence des agents limitent seules le nombre déjà formidable. Les autres n'ont, à proprement parler, qu'un seul vice, l'horreur du travail, source intarissable de délits qui se chiffrent par douzaines pour un même individu.

Il est bien évident que, pour les premiers, la prison est une peine à la fois trop dure, injuste et inefficace : plus malheureux que coupables, leur place est dans les dépôts de mendicité où leur entretien n'est pas plus coûteux que dans les maisons de justice et où ils peuvent même rendre des services, qui compensent, dans une certaine mesure, les frais de leur internement. Ce serait donc répondre aux plus légitimes exigences de l'humanité et aux prescriptions essentielles de la loi pénale, dont, faute de locaux suffisants, les dispositions (art. 274) sont trop souvent éludées que d'augmenter sensiblement le nombre des dépôts de mendicité. Dût-il, en définitive, en résulter quelques dépenses supplémentaires pour les budgets départementaux, ce ne serait pas, à coup sûr, acheter trop cher la suppression de l'impôt si lourd et si vexatoire que font subir, surtout aux populations honnêtes et laborieuses des campagnes, la mendicité et le vagabondage. Sans doute, en principe, chaque commune doit secourir ses pauvres. Mais les ressources des bureaux de bienfaisance fussent-elles plus abondantes, qui ne sent que l'autorité municipale sera le plus souvent impuissante à retenir les paresseux et les mendiants d'habitude, recevant de mauvaise grâce le pain qu'on leur donne, avides d'argent pour satisfaire d'autres convoitises. A ces natures plus ou moins dévoyées il faut un frein, une discipline, que seuls peuvent offrir les établissements fortement organisés. Les résultats obtenus à Montreuil-sous-Laon, sous la direction éclairée du regretté M. Berthaut, sont la meilleure preuve du bien fondé de la thèse que nous soutenons (1).

(1) Dans une excellente étude publiée par M. Tilorier, avocat à Laon (Paris, Guillaumin, 1853), l'auteur, en recherchant les moyens d'arrêter le paupérisme dans le département de l'Aisne, proposait l'établissement de *fermes de bienfaisance* dont l'essai se faisait alors en Belgique, en vue de subvenir aux besoins d'un certain nombre d'ouvriers valides, aidés, dans la mesure de leurs forces, par quelques vieillards ou infirmes. C'est, en autres termes, le dépôt de mendicité dont nous demandons la création pour chaque département. La pensée est la même : trouver dans la culture de la terre le moyen d'entretenir, d'occuper, de fixer et de moraliser les mendiants et les vagabonds.

Quant aux seconds, on épuiserait tout l'arsenal des lois actuelles avant de les décider à rompre d'eux-mêmes avec la longue et trop douce habitude de l'oisiveté. Il est donc moral et nécessaire de les y contraindre en les soumettant au travail régulier, pénible même auquel tant d'honnêtes ouvriers se livrent journellement sans exciter cette pitié que de trop sensibles philanthropes semblent ne pouvoir refuser qu'aux innocents. On sait, qu'en Angleterre, ce système a décidément prévalu sur celui de la transportation, objet de la part des colonies de si violentes protestations que le Gouvernement a dû recourir à d'autres mesures de répression. C'est ainsi que cette seconde classe de délinquants y est assujettie à de grands travaux d'utilité publique : creusement de ports, construction de digues ou jetées etc... (1) qui, en même temps qu'ils châtient

(1). Dans une série d'articles parus au *Journal officiel* un publiciste, qui n'a signé ses judicieuses remarques que des initiales O. L., s'est ainsi exprimé sur la législation pénitentiaire Anglaise. « Elle renferme deux périodes distinctes:
» la première de *séparation individuelle* qui est à présent réduite
» à neuf mois ; la seconde de *travaux publics en commun*... (soit
» grands travaux d'utilité publique, soit travaux d'agriculture)
« Une classification mobile, pour ainsi dire, au moyen d'un
» système de marques ou de bons points, comme dans les
» écoles, les excite à bien faire pour obtenir une réduction de
» peine qui varie d'un sixième à un quart et même à un tiers,
» et donne droit à un ticket de liberté révocable. » Tout le système repose sur l'emploi successif de l'emprisonnement

le coupable, le relèvent à ses propres yeux et préparent son retour dans la société.

L'atténuation graduée de ce système répressif aurait cet autre avantage, en ménageant la transition entre le régime du pénitencier et la vie libre, de supprimer la surveillance de la police qui, d'ordinaire, sans empêcher aucun crime, est un prétexte facile à la paresse, un encouragement à l'existence nomade par les incessantes ruptures de ban et, dès lors, un affaiblissement de la loi ainsi constamment tenue en échec.

Des souvenirs particuliers à Laon prouvent que ce n'est pas d'aujourd'hui que le travail a paru devoir être imposé comme punition aux vagabonds. Dans le règlement de police de la ville de Laon d'avril 1624 nous trouvons, sous l'article 48 des dispositions qui ont pour objet de mettre un frein aux importunités des mendiants, notamment de ceux qui étaient sains et valides. Quant aux vagabonds ou paresseux on devait les saisir, s'ils mendiaient, les attacher à la chaîne, les faire travailler aux fossés, les loger à l'Hôtel-Dieu, et les licencier,

cellulaire et du travail forcé. Les rapports officiels en ont démontré le succès. *Journal officiel* de 1874, 16 février p. 1301, 17 février p. 1321 et 18 février p. 1344 et suiv.

Ces questions avaient été précédemment traitées avec de grands développements par M. Bérenger, de la Répression pénale, T. I, p. 18 et suiv. (Paris, Cosse, 1855).

au bout de huit jours, avec défense de se représenter sous peine du fouet et du bannissement (1).

Nous ne retenons, bien entendu, de ces dispositions répressives, comme seule appropriée à l'état de nos mœurs, que l'obligation au travail, au labeur nécessitant l'effort assez pénible, assez soutenu pour faire préférer au condamné les devoirs de sa profession habituelle.

La période *active* du patronage comprend :

*Les dons de vêtements et d'outils,*

*Le rapatriement, s'il se peut,*

*L'engagement s'il s'agit d'un jeune homme,* usage déjà suivi chez nous aussi bien qu'en Angleterre et en Hollande,

*Les placements dans des ateliers privés ou publics,*

---

(1) Et dautant quil y a grande afluance de vagabondz et feneantz quy passent ordinairement en ceste ville et y font sejour naiant autre habitude que de caymander quoy quilz soient fortz et puissans pour travailler, il est ordonné que les personnes deputées pour avoir esgard aux imondices quy se jectent dans les rues, veilleront aussy pour remarquer lesdits passans affin de les faire sortir sans retard, et en cas quilz se trouvent mandier et vagabonder par la ville, seront iceulx mis pour travailler aux fossez dicelle et a ceste fin attachez a la chesne et seront logez en lhostel dieu et licenciez au boult de huict jours quilz auront servy et deffences a eulx de se treuver en ladicte ville a peine du fouet et de banissement. M. Combier, les réglements de police de la ville de Laon p. 43 et 44. (Amiens, 1879.)

(un agent spécial serait nécessaire dans les grandes
villes) dans les plus petites localités, un registre
déposé à la Mairie, — registre à la fois du travail
et de la bienfaisance — et où s'inscriraient l'offre
et la demande, suffirait aux besoins. Pour les cas
de maladie ou de chômage, il y aurait lieu d'établir
des asiles ou refuges, remplacés dans les petites
villes par un bon de logement et de nourriture
dans une maison bien famée. Enfin et surtout,
la surveillance active et personnelle des membres
de la Société devrait s'exercer dans tous les cas où
elle serait possible. On peut lui appartenir à plus
d'un titre et la grande diversité des concours qui
lui sont nécessaires est une des raisons qui nous
ont engagé à en propager la connaissance. C'est là
que les dévouements les plus modestes peuvent
être souvent les plus utiles. Les chefs d'administration , les Maires et autres autorités locales sont
en quelque sorte les membres nés de ces associations; les directeurs d'ateliers, les cultivateurs
sont en situation de leur rendre les plus grands
services. Les relations cordiales des Sociétés de
patronage entre elles faciliteront le placement et la
surveillance des libérés.

Les sympathies de l'Administration n'ont jamais,
on l'a vu plus haut, fait défaut au patronage. Le
crédit inscrit en sa faveur au budget du ministère
de l'Intérieur qui n'était, de 1877 à 1880, que de
20,000 fr., a été porté à 40,000 fr. pour l'exercice

1881. Par décision du 8 juillet de cette dernière année, la Société de patronage de Laon a été comprise dans la répartition de ce crédit pour la somme de 400 fr.

La voie est donc aujourd'hui nettement tracée et, ainsi que l'exprimait naguères le Garde des Sceaux, il faut espérer que la récidive cédera peu à peu devant les efforts combinés de l'Administration, du Gouvernement et des Sociétés privées (1).

La Société de patronage de Laon est soutenue par des cotisations annuelles fixées à 5 fr., par les offrandes et dons particuliers, par des allocations du Gouvernement.

Une classe a été ouverte dans la prison dès le mois d'octobre 1879. La fréquentation en est obligatoire pour les condamnés au-dessous de trente ans, dont la peine est au minimum de deux mois. Le succès a été complet, les détenus s'y rendent volontiers ; ils ont même fourni de bons *moniteurs*, et leurs deux premiers professeurs se sont loués du bon vouloir et de l'application de ces écoliers d'un nouveau genre, dont le nombre s'élève en moyenne à trente. De plus, une bibliothèque composée d'ouvrages intéressants et moraux apporte une utile diversion aux longues heures de la prison. Cet essai n'est, du reste, pas le premier

---

(1). Rapport sur l'administration de la Justice criminelle pendant l'année 1879, page XXI. Imp$^{rie}$ nat$^{le}$. (Paris, 1881.)

qui ait été fait dans le département de l'Aisne. Nous rappellerons qu'il y a une quinzaine d'années M. Turquet, alors chef du parquet de Vervins, créa et dirigea lui-même, dans la prison de cette ville, une école semblable dont les résultats répondirent à ses efforts.

Les conditions d'admission au patronage sont affichées dans la prison. On trouvera, aux pièces justificatives, la copie in-extenso de ce réglement. Le Comité de la Société présente à l'administration supérieure la liste des personnes autorisées à visiter en son nom les prisonniers. La Société provoque les réhabilitations de ceux qui s'en sont montrés dignes et prend à sa charge les frais de l'instance judiciaire. Certains points de ce programme rappellent, quoique avec moins de développements, ce qui se pratique en Angleterre, notamment par la Société royale pour l'assistance des prisonniers libérés, qui compte déjà vingt-sept années d'existence. Celle-ci envoie aux directeurs des prisons de *convicts* (qui correspondent à nos maisons centrales) des feuilles imprimées destinées à l'inscription des prisonniers qui réclament le patronage de la Société et que les directeurs jugent dignes de recevoir son assistance. Chaque feuille est divisée en quatorze colonnes d'inégale largeur sous les titres suivants : noms et condamnations — âge au moment de la condamnation — religion et éducation — nature du crime — condamnations antérieures et leurs causes

— conduite du condamné pendant son emprisonnement cellulaire, pendant la période où il a été
astreint aux travaux publics, — son habileté, ses
aptitudes et s'il est propre à un travail pénible —
sa profession avant sa condamnation, sa résidence
et celle de sa famille — le genre d'occupation qu'il
désire — le montant probable du secours qui lui
sera alloué — l'époque probable de sa libération
(qui n'est point certaine comme chez nous, l'usage
des *ticket of leave* pouvant abréger, dans une
proportion variable, la durée de la peine) puis une
dernière colonne de remarques dans laquelle le
directeur ajoute tout ce qu'il juge utile de faire
connaître sur le compte de l'individu qu'il
recommande au patronage de la Société. Les feuilles
ainsi remplies sont envoyées au siège de celle-ci
un mois environ avant la libération des prisonniers(1).

Mais, on l'a fort bien dit : rien n'est fait tant qu'il
reste quelque chose à faire, et qui, soit ici, soit
ailleurs, pourrait croire que, dans un champ si
vaste, nulle parcelle n'est demeurée sans culture. Il
faut arriver à ce résultat qu'aucun libéré ne puisse
prétendre, avec apparence de vérité, qu'il a été
laissé ou rejeté dans le mal par l'abandon, l'absence
d'une main secourable tendue à propos pour le
relever ou le retenir. Pour cela le concours de tous

(1) 23ᵈ Annual report of the Royal Society for the assistance
of discharged prisoners, p. 5 (London, 1880.)

est nécessaire, et on ne l'obtiendra qu'en battant en brèche le préjugé qui veut faire retomber exclusivement à la charge de l'Etat une œuvre dont le caractère privé et individuel est une condition vitale.

Nous n'avons pas la prétention d'avoir abordé tous les aspects de cette complexe et difficile question du patronage qui est, en ce moment, de la part du Parlement, l'objet d'un sérieux examen et pour la solution de laquelle M. Bérenger, fidèle aux traditions de sa famille, a, dans ces derniers temps, proposé au Sénat d'excellentes mesures. Notre seul but a été d'en rendre le principe plus familier comme l'utilité plus évidente aux personnes très-nombreuses qui pourraient, mieux instruites de son objet, lui prêter un concours efficace (1).

(1) Nous ne pouvons mieux faire que de renvoyer ceux qui seraient désireux d'approfondir plus complétement ce sujet aux travaux de M. Lefebvre, déjà cités ; de M. Fernand Desportes qui, à l'occasion du projet de loi sur la Relégation, a fait une véritable monographie de la Récidive (Paris, Chaix, 1883) ; aux bulletins publiés par la Société générale des prisons ; enfin, pour ceux que n'effraieraient point les gros volumes, aux rapports et procès-verbaux de l'enquête parlementaire de 1872, loco cit.

# COMPOSITION DU BUREAU

*Président d'honneur :*

M. Sébline, Préfet de l'Aisne.

*Président,* M. Glatigny, Maire de Laon ;

*Vice-Président,* M. Rousseau, Adjoint au Maire de Laon ;

*Trésorier,* M. Gravier, Trésorier-Payeur général de l'Aisne ;

*Secrétaire,* M. de Florival, Juge au Tribunal civil.

La Société reçoit les offrandes en argent ou en nature c'est-à-dire linge, chaussures, vêtements, livres, etc...

Les dons en argent devront être adressés soit à M. Glatigny, maire de Laon, président de l'œuvre, soit à M. Gravier, trésorier-payeur général, trésorier.

Les dons en nature seront reçus à la maison d'arrêt.

# PIÈCES JUSTIFICATIVES

## N° 1.

### DÉLIBÉRATION

RELATIVE A' L'ÉTABLISSEMENT DE LA SOCIÉTÉ DE PATRONAGE

A LAON.

L'an mil huit cent quatre-vingt, le 10 juin, les membres du Comité de la société de patronage des condamnés libérés à Laon, se sont réunis en l'Hôtel-de-Ville de cette ville. Étaient présents : MM. Glatigny, président, Petit, trésorier, et de Florival, secrétaire. M. Rousseau, vice-président, s'était excusé de ne pouvoir, pour cause d'absence, assister à la réunion.

M. le président a exposé que l'œuvre du patronage, d'abord soutenue par la Commission de surveillance de la prison de Laon qui a obtenu des résultats déjà satisfaisants, avait récemment accepté une situation distincte, qu'un Comité avait été formé et qu'il y avait lieu de donner à cette société une impulsion nouvelle.

M. de Florival a donné lecture des statuts qui suivent :

Art. 1er. Il est formé à Laon, une société de patronage pour les prisonniers libérés.

Art. 2e. Cette association a pour objet d'encourager les libérés qui montrent un désir sincère de se procurer des moyens d'existence par le travail et de les mettre à même de gagner honnêtement leur vie.

Art. 3e. Les libérés qui désireront être admis au patronage devront en faire la demande huit jours au moins avant leur sortie de prison.

Art. 4e. La bonne conduite en prison sera prise en grande considération pour l'admission au patronage, toutefois cette admission sera toujours facultative, et l'association n'aura jamais à rendre compte des motifs pour lesquels elle refuserait ses soins ou cesserait de les donner.

Art. 5e. Lorsqu'un libéré aura été placé, il devra faire connaître au Comité son changement d'adresse ou d'emploi.

Art. 6e. L'association provoque la réhabilitation de ceux qui s'en seront montrés dignes et prend à sa charge les frais de l'instance judiciaire.

Art. 7e. Les articles qui précèdent seront affichés dans la prison.

Art. 8e. L'association est dirigée par un Comité composé d'un Président, d'un Vice-Président, d'un Secrétaire et d'un Trésorier. Les membres du bureau seront nommés pour trois ans. Ils pourront être réélus.

Art. 9e. Sont membres de la société les personnes qui veulent bien lui apporter une coopération régulière en visitant les prisonniers, en aidant à leur placement, ou simplement en contribuant aux dépenses de l'œuvre par une cotisation annuelle.

Art. 10e. Le Comité présente à l'administration supérieure la liste des personnes autorisées à visiter en son nom les prisonniers.

Art. 11e. Toute personne qui aura consenti à employer un libéré recevra la confidence des antécédents de ce libéré.

Art. 12e. Les ressources de l'association se composent : 1º des quêtes faites ou à faire en faveur des libérés et condamnés de la prison de Laon ; 2º des subventions qui pourront être obtenues de l'État ou du département ; 3º des dons qu'elle pourra recevoir ; 4º des cotisations de ses membres.

Art. 13e. La cotisation annuelle de chaque sociétaire est fixée à 5 francs.

Art. 14e. La société n'est pas civilement responsable des délits qui peuvent être commis par ses patronnés (1).

Ces statuts sont approuvés.

M. le Président rappelle ensuite un ancien usage local d'après lequel une femme, munie d'une sébile ou tronc fermé, parcourait la ville, une fois par mois, quêtant pour les prisonniers. Il pense que cet usage pourrait être rétabli et fournirait ainsi quelques fonds destinés, avec les autres ressources de la Société, à procurer aux libérés des vêtements ou la somme nécessaire pour regagner leur domicile.

Cette proposition est approuvée.

M. le Président donne ensuite lecture d'une lettre de M. le Préfet en date du 4 juin 1880 qui, à l'occasion du crédit inscrit au budget en faveur des Sociétés de patronage, demande si la situation de la Société de Laon s'est modifiée depuis l'année dernière ainsi qu'un compte-rendu de ses opérations depuis le dernier rapport.

Les membres présents décident qu'une copie de la présente délibération sera transmise à M. le Préfet. Ils croient, en outre, devoir appeler de nouveau le haut intérêt de M. le Préfet sur cette œuvre si utile au double point de vue humanitaire et social et à laquelle il a bien voulu déjà témoigner ses sympathies en acceptant la *Présidence d'honneur*. Ils espèrent que, par son bienveillant intermédiaire auprès de l'administration supérieure, le patronage de Laon recevra une allocation qui, coïncidant avec sa nouvelle organisation, sera pour lui un précieux encouragement et lui facilitera, en même temps que d'autres adhésions, les moyens de faire face à ses premiers besoins (2).

(1) Ces statuts se rapprochent beaucoup de ceux qui ont été proposés par M. de Lamarque dans son opuscule : *Le patronage des libérés dans les départements*, loco cit. ; annexe n° 3, comme pouvant servir de base aux Sociétés fondées dans le même but.

(2) L'administration centrale a accordé, en 1880, une subvention de 400 fr. à la Société do patronage de Laon.

## N° 2.

### DÉLIBÉRATION DU 4 MAI 1881.

Objet : *Demande de renseignements de M. le Ministre de l'Intérieur en vue d'une nouvelle subvention à faire à la Société de patronage.*

. . . . . . . . . . . . . . . . .

La Société vient seulement de s'organiser et des résultats satisfaisants ont été déjà obtenus : rapatriement ou placement de libérés, secours donnés, gratifications remises à ceux qui ont servi de moniteurs au cours élémentaire de la prison suivi par 40 ou 50 détenus et ont aidé l'instituteur dans l'accomplissement de sa mission. Des vêtements, des chaussures ont aussi été fournis à ceux des condamnés libérés qui se trouvaient dans le plus grand dénûment. L'œuvre du patronage est bien accueillie dans le pays. Un certain nombre de personnes lui ont donné leur adhésion et le concours de beaucoup d'autres lui est acquis d'avance. Il en est même qui ont spontanément offert au Comité d'aider au placement des libérés, de travailler à leur moralisation et même de mettre gratuitement un local à sa disposition.

La Société de patronage espère donc que l'Administration ne voudra pas décourager ces tendances sympathiques à l'œuvre. Laon est le chef-lieu d'un vaste arrondissement dans lequel le mouvement de l'industrie et de l'agriculture entraîne, à différentes époques de l'année, de grands déplacements d'ouvriers dont beaucoup, accidentellement vagabonds et mendiants, peuvent être, par des secours donnés à propos, assez facilement ramenés à des habitudes d'ordre et de travail. D'après la dernière statistique, le nombre des condamnés correctionnels à l'emprisonnement s'est élevé à 932. Le chiffre des prévenus, âgés de moins de 21 ans, n'a pas été moindre

de 214. Ces chiffres témoignent suffisamment du développe-
ment que peut recevoir, dans cette région, l'œuvre du
patronage.

. . . . . . . . . . . . . .

## N° 3.

On est trop disposé à exagérer les maux présents, pour peu
qu'on en souffre soi-même, et à atténuer ceux dont ont souffert
nos devanciers. De grands fléaux n'occupent dans l'histoire
que quelques lignes, les petits événements contemporains rem-
plissent des volumes. Le danger que les vagabonds font courir
à la société n'est pas né d'hier, ni plus grand aujourd'hui qu'autre-
fois tant s'en faut. On nous permettra quelques citations
qui, malgré leurs dates, ne manquent pas d'actualité.

Ce n'est pas de nos jours seulement que la tranquillité
publique est troublée par ces hommes volontairement sortis
de toutes les règles constitutives des sociétés. L'histoire de
cette lutte, aussi vieille que le monde, du vice et de la paresse
contre tout ce qui est ordre ou travail serait trop longue.
Nous nous contenterons, sans remonter trop haut, de faire
ressortir par quelques traits caractéristiques le lourd fardeau
imposé, aux diverses époques, par ces redoutables parasites.

Au XVI° siècle, Paris était la proie des mendiants. Les
contemporains en ont évalué le nombre à quarante mille. Ils
recouraient, à défaut d'aumônes, aux larcins, aux vols et même
aux meurtres. A la suite d'une longue guerre civile, beaucoup
d'individus avaient renoncé à leur ancienne profession et
avaient pris des habitudes de pillage difficiles à comprimer.
On tenta, sous la régence de Marie de Médicis, de fermer
cette plaie sociale en jetant dans les prisons une partie de ces
oisifs justement redoutés, et en refoulant l'autre partie dans
les provinces. Mais, quand on en vint à l'exécution, on se

heurta à des difficultés tout d'abord insurmontables (1). De nouvelles plaintes ne tardèrent pas à appeler encore l'attention sur cette question sans cesse renaissante. Elle fut enfin résolue. Vers le milieu du XVIIᵉ siècle, M. de Pomponne sut, à force d'énergie et de persévérance, aidé aussi, il faut le dire, par des circonstances plus favorables, réussir là où ses prédécesseurs avaient complètement échoué. A sa mort, survenue en 1657, les mendiants et vagabonds avaient émigré dans les provinces ou bien étaient entrés, de gré ou de force, à l'hôpital général où de vastes ateliers d'arts mécaniques avaient été organisés (2). Ce résultat déplaçait le mal, mais ne l'effaçait pas. Pendant de longues années, la province, à son tour, fut ravagée par ces hordes errantes. Tous les écrits du temps en font foi. Comme souvenirs locaux, nous citerons, entre beaucoup d'autres, une lettre adressée à l'intendance de Soissons et qui porte la date à Paris du 1ᵉʳ avril 1763 :

« Je reçois, tous les jours, de nouvelles plaintes des
« désordres que les vagabonds et les mendiants commettent
« dans les différentes provinces du royaume où, sous le
« prétexte de demander un asile aux habitants des campagnes,
« ils exigent d'eux des contributions en toutes sortes de
« denrées qu'il est dangereux de leur refuser, puisqu'ils
« portent leurs excès jusqu'à incendier les fermes des
« habitants qui leur ont refusé la subsistance. Les fermes
« deviennent désertes et l'agriculture souffre essentiellement
« de ces déprédations ; cependant les lois du royaume ont,
« en divers temps, prononcé des peines sévères contre les
« vagabonds et les mendiants ; mais quelque point essentiel
« manque peut-être à leur disposition, puisque le désordre
« dont on se plaint se perpétue et s'augmente, etc... » (3)

---

(1 et 2) Monteil, histoire des Français des divers états. (XVIIᵉ siècle). Lettre LXIII. T. IV, p, 266 et les notes, p. 75 et 76 (Paris, 1853).

(3) Archives de l'Aisne, cahiers de l'intendance. C. 701.

Voici une autre lettre qui, sous une forme plus qu'originale, est une vive peinture des tristes effets du vagabondage à cette époque :

Château-Thierry, 6 juillet 1763.

Monseigneur,

« Il serait bien à souhaiter qu'on pût purger les provinces
« et surtout les campagnes des vagabonds et des mendiants.

« Les ordonnances y ont pourvu, mais leur défaut d'exécu-
« tion, les tentatives ou plutôt les semblants qu'on a faits, il y
« a quelques années, en les mettant en prison et en les
« relâchant après sans autre peine, n'ont fait que les enhardir
« et les rendre plus violents, voleurs, incendiaires et assassins,
« suite ordinaire de l'impunité.

« Notre province en est infestée. La brigade avait ordre de
« les chasser à coups de nerfs de bœufs, elle a essayé de le
« faire en l'air : permettez-moi cette expression, le public est
« un drôle de corps et un singulier animal, il crie comme un
« diable quand il voit sa contrée remplie d'errants, vagabonds
« et pauvres soit valides ou malades, il se plaint avec fureur
« de ce qu'on ne l'en délivre pas, qu'on lui laisse prendre son
« pain et la subsistance de ses pauvres, qu'on laisse sa vie
« exposée et ses possessions, et, lorsqu'on sévit, il crie à
« l'humanité, il devient dévot et prêche charité ! Comment
« faire ? on y est embarrassé. Nous voyons ici des mendiants
« de toutes espèces valides comme invalides, soldats, gens de
« campagnes fainéants et beaucoup d'étrangers, etc... »

Signé : SUTIL.

---

(1) Subdélégué à l'intendance de Soissons à Château-Thierry, fonctions qu'on pourrait comparer à celles des sous-préfets de nos jours. Archives de l'Aisne. C. f. 701.

Les cahiers de l'intendance sont pleins de ces doléances et les moyens proposés pour mettre un terme à tous ces désordres sont des plus rigoureux : envoi aux galéres des mendiants valides, réclusion perpétuelle des femmes dans les hôpitaux où elles pourront gagner leur pain par leur travail, et, pour les individus non réputés encore incorrigibles, obligation de travailler à la réparation des chemins.

N° 4.

Nous nous sommes déjà plusieurs fois référé aux règlements de police de la ville de Laon publiés par M. le président Combier. Nous indiquerons ici, pour ceux qui seraient désireux de pousser plus loin les recherches locales sur cette matière, les pages 8, 18, 24, 42, 61, 97 et 143 de ce même recueil. Nous citerons également du même auteur la nomenclature des archives du greffe de Laon, p. 61 et 99. (Paris, Dupont, 1863).

Le registre des délibérations du tribunal de Laon contient aussi une importante délibération prise le 27 juillet 1872 sur les réponses à faire au questionnaire de la commission d'enquête sur le régime des établissements pénitentiaires. Nous ne saurions trop recommander ces sources si intéressantes et si authentiques.

N° 5.

Nous avons déjà dit du dépôt de mendicité de Montreuil-sous-Laon tout le bien que nous en pensions. Nous ne pouvions, dans une courte étude, nous étendre sur son organisation. Mais on pourra consulter avec fruit, sur cet établissement, un article déjà ancien, mais très-bien fait, dû à la plume d'un homme compétent, M. Martin Doisy, paru sous ce titre : *Un Dépôt de mendicité modèle à Montreuil-sous-Laon*, dans la revue « le Contemporain », 8ᵉ année, XIIIᵉ volume, livraison du 30 septembre 1867, p. 548 et suiv. (Paris, Le Clerc).

# Librairie Guillaumin et C<sup>ie</sup>

## EXTRAIT DU CATALOGUE

## QUESTIONS PÉNITENTIAIRES

———

**Système pénitentiaire complet**, *ses applications pratiques à l'homme déchu dans l'intérêt de la sécurité publique et de la moralisation des condamnés*, par M. LEPELLETIER (de la Sarthe), membre de l'Académie de médecine. 1 fort vol. gr. in-8. Prix . . . . . . . . . . . . . . . . . . . . **8 fr.**

**Colonie de Mettray**. *Solution pratique du problème des jeunes détenus.* Extrait du *Système pénitentiaire*, par LE MÊME. Broch. gr. in-8. Prix. **1 fr. 25**
Se vend au profit de la colonie de Mettray.

**Études sur la réforme et les systèmes pénitentiaires** *considérés au point de vue moral, social et médical*, par le D<sup>r</sup> J.-CH. HERPIN (de Metz). 1 vol. in-18. Prix . . . . . . . . . . . . . . . . . . **3 fr.**

**Rapport au Congrès international sur la statistique des établissements pénitentiaires**, par M. PAUL BUCQUET. Broch. in-4. Prix . . . . . . . . . . . . . . . . . . . . . . . . . **75 c.**

**Débats du Congrès pénitentiaire de Bruxelles**, 20, 21, 22 et 23 déc. 1847, par M. MOREAU-CHRISTOPHE. 1848. 1 vol. grand in-8. Prix . . **6 fr.**

**De la colonisation chez les peuples modernes**, par M. PAUL LEROY-BEAULIEU, membre de l'Institut, professeur au collége de France, 2ᵉ édition. 1 vol. in-8. Prix . . . . . . . . . . . . . . . **9 fr.**
Fait partie de la Collection des économistes et publicistes contemporains.

**Le droit de légitime défense dans la pénalité et dans la guerre** *et les congrès scientifiques internationaux réclamés par les trois réformes relatives au système pénitentiaire, à l'abolition de la peine de mort et à la civilisation de la guerre*, avec un *Appendice* contenant les lettres adressées à M. Guizot, M. le comte Sclopis et à M. le baron Von Holtzeredorff, par M. CH. LUCAS. 1 vol. in-8. Prix. . . . . . . . . . . . . . . . . **3 fr.**

**Exposé d'un système de législation criminelle** pour l'Etat de la Louisiane et pour les Etats-Unis d'Amérique, par LIVINGSTON, ancien ministre plénipotentiaire des Etats-Unis, précédé d'une *Préface* par M. C? LUCAS, de l'Institut, et d'une *Notice* par M. MIGNET, de l'Institut. 2 v? in-8. Prix . . . . . . . . . . . . . . . . . . . . . **16 f.**

**Des condamnés libérés**, par M. A.-E. CERFBERR. 1 vol. in-18, 184? Prix . . . . . . . . . . . . . . . . . . . . . . . . . . **2 fr.**

**Les colonies agricoles de jeunes prévenus** et la colonie de Gentilly, près Nancy, par le D<sup>r</sup> SAUCEROTTE père. Broch. in-8. Prix. . . **1 fr. 50**

**Nouveaux documents sur les prisons pénitentiaires et la déportation**, par M. le D<sup>r</sup> MAURICE TREILLE. Broch. in-8. Prix. **1 f. 25**

**Histoire politique et anecdotique des prisons de la Seine**, contenant des renseignements inédits sur la période révolutionnaire, par M. BARTH. MAURICE. 1 vol. in-8, prix . . . . . . . . . . . . . **4 fr.**

**L'Algérie et les colonies françaises**, par M. JULES DUVAL, avec une notice biographique sur l'auteur, par M. LEVASSEUR, membre de l'Institut, et une préface de M. LABOULAYE, membre de l'Institut, avec un beau portrait de l'auteur. 1 vol. in-8. Prix . . . . . . . . . . . . **7 fr. 50**

**Études historiques et morales sur les prisons du département de la Seine et de la ville de Londres**, par M. A. REGNAULT, 1 vol. in-18. Prix. . . . . . . . . . . . . . . . . . . . . . . . . . **4 fr.**